GUÍA DE LECTURA

Escrita por Maël Tailler
Traducida por Marta Sánchez Hidalgo

De ratones y hombres

de John Steinbeck

JOHN STEINBECK

ESCRITOR AMERICANO

- **Nacido en 1902 en Salinas, en California (Estados Unidos)**
- **Fallecido en 1968 en Nueva York (Estados Unidos)**
- **Algunas de sus obras:**
  - *De ratones y hombres* (1937), novela
  - *Las uvas de la ira* (1939), novela
  - *Al este del Edén* (1952), novela

John Ernest Steinbeck (1902-1968) es un escritor americano cuyas novelas (*De ratones y hombre*, 1937; *Las uvas de la ira*, 1939; *Al este del Edén*, 1952, etc.) tienen en común un anclaje en su California natal y las condiciones de vida difícil de la población rural. Fue reportero en *The International Herald Tribune* en la Segunda Guerra mundial y recibió el Premio Nobel de Literatura en 1962. Muchas de sus obras se han adaptado en el cine y han contribuido a su popularidad.

DE RATONES Y HOMBRES

EL HOMBRE ES UN ANIMAL COMO LOS OTROS

- **Género:** novela
- **Edición de referencia:** Steinbeck, John. 2015. *De ratones y hombres*. Traducido por Román A. Jiménez. Barcelona: Edhasa
- **Primera edición:** 1937
- **Temáticas:** amistad, sueño, Gran Depresión, violencia, muerte

De ratones y hombres, publicado en 1937, traza el exilio de dos trabajadores del campo inseparables, Lennie Small (un gigante retrasado con una fuerza prodigiosa) y George Milton (un hombrecito listo) en un rancho del Sur de California. Sueñan con ahorrar dinero para poder comprar su propia granja y vivir tranquilamente. Pero la violencia inherente al universo en el que evolucionan conducirá a Lennie a asesinar sin querer a la mujer de Curley, el hijo del patrón.

RESUMEN

UN NUEVO TRABAJO

Lennie, un gigante retrasado, y George, bajito y listo, son dos trabajadores temporeros que se han escapado de un rancho de Weed, un pueblo del Norte de Estados Unidos. La obra se inicia con los dos personajes andando por el campo californiano cerca de Soledad, un pueblucho perdido del Sur. George decide pararse en la orilla del río para pasar la noche y llegar al día siguiente al rancho vecino para trabajar y así ganar la suma necesaria para la construcción de su granja.

Mientras George calienta una lata de judías, advierte a su compañero que si un día quiere llegar a cumplir su sueño y vivir en su propia granja con el dinero que hayan ahorrado, Lennie tiene que portarse bien. Por tanto, tiene que dejar de guardar un ratón muerto en el bolsillo, alejarse de las niñas y, sobre todo, callarse. Hay que mencionar que Lennie tuvo una infancia difícil. Es huérfano y lo educó una tal Clara en una pequeña ciudad llamada Auburn. Desde entonces, está en manos de George para guiar su vida.

Al día siguiente en un dormitorio del rancho, conocen a Candy (un anciano de carga), al jefe, a su hijo y a Curley, un hombre pequeño, nervioso y arrogante que de entrada intenta intimidarlos. Cuando salen del dormitorio, Candy les advierte sobre Curley («Curley no lleva nunca las de perder. Siempre sale ganando», Steinbeck 2015, cap. 3) y sobre su mujer, que «anda buscando la ocasión» (*ib*.). Como para confirmar lo que dice su marido, ésta va a conocerles fingiendo que está buscando a su marido.

George, nervioso, le hace nuevas recomendaciones a Lennie antes de que Carlson y Slim, dos trabajadores temporeros, entren. La perra de Slim acaba de parir y Lennie está muy interesado en tener un cachorro para acariciarlo. Slim acepta darle uno.

En las pausas, los trabajadores temporales juegan a lanzar herraduras lo más cerca posible de un clavo; el que consiga alcanzarlo gana la partida y el dinero apostado. Mientras los otros juegan, Slim habla con George en el dormitorio. Este le habla de la difícil infancia de Lennie y menciona su huida de Weed.

Carlson entra un poco después e incita a Candy a que mate a su perro que cree que está enfermo y anda con dificultad todo el día: el anciano termina cediendo y Carlson sale con su animal senil. Entonces irrumpe Curley que busca a su mujer. Todos le siguen excepto Lennie, Candy y George. Cuando George habla de la futura granja que tendrá con Lennie, Candy, que está solo en el mundo, se une a su proyecto.

Un poco más tarde, Curley regresa excusándose ante Slim, cansado de sus celos enfermizos. Curley provoca y pega a Lennie para vengarse de él: Lennie se encierra sin saber si puede reaccionar. Pero, cuando George le dice que ataque, rompe literalmente la mano de su agresor. Lennie está inquieto: teme que su sueño no se pueda cumplir.

UN SUEÑO FUERA DE ALCANCE

El domingo por la noche, cuando George y los otros se han ido al burdel de la madre Suzy, Lennie entra en el establo donde duerme Crooks, el mozo de cuadra negro y lisiado. Como es incapaz de mantener la boca cerrada, habla de su proyecto, al que pronto se une Candy, que participa en la conversación. Crooks está interesado, pero no cree que puedan cumplir su sueño: «Nunca he visto a un tipo que lo consiguiera» (Steinbeck 2015, cap. 5)

La mujer de nuevo con la excusa de buscar a su marido para poder charlar, interviene y pregunta qué le ha pasado a la mano de su esposo. Candy y luego Crooks se enfadan cuando se pone a molestar a Lennie y a hablar de ellos como si fueran simples vagabundos.

Les hace callar, firme en su actitud porque, al fin y al cabo, su opinión no importa mucho: «Nadie nos escucharía» (*ib*.). Entonces George regresa furioso porque Lennie no ha podido guardar su secreto.

Un día, a última hora de la tarde, Lennie se queda solo en la cuadra delante de un cachorro muerto mientras los otros juegan a las herraduras. Intenta ocultarlo: si George lo descubre, ya no podrá cuidar más de los conejos que tendrán en la granja. La mujer de Curley va a hablar con él. Intenta resistirse, pero cede con rapidez a la palabra. Le cuenta secretos de su vida: quería haber sido actriz, pero se resignó a casarse con Curley. Lennie, por su lado, le confiesa que le gusta acariciar las cosas dulces y que quiere tocarle el cabello. Ella retrocede un poco ante la idea, pero luego cambia de opinión. De hecho, sólo ve en él a un «niño grande» (Steinbeck 2015, cap. 6): termina dejándole que le acaricie el pelo.

Pero Lennie le acaricia cada vez más salvajemente y la joven acaba sucumbiendo al pánico y gritando. Éste se pone furioso e intenta hacerle callar, pero termina rompiéndole la nuca accidentalmente. Candy y George entran y descubren el cuerpo inerte de la joven. Saben que su sueño se ha destruido, que Lennie ha matado a la mujer de Curley y que éste va a querer lincharle. George, que ha ido a robar la pistola de Carlson, finge llegar al lugar del crimen a la vez que Curley y los otros, que acaban de descubrir el cadáver. El veredicto es irrefutable: condenan a muerte a Lennie a pesar de los intentos de George para calmar a Curley y defender a su amigo.

Lennie regresó a la orilla del río como George le había aconsejado si las cosas iban mal. Se siente culpable e imagina que su tía y un conejo enorme van a regañarle. George lo encuentra. Lo engatusa hablándole de la granja y le dice que no ha sido su culpa. Pero saca el fusil a regañadientes con la mano temblando y dispara una bala en la nuca de su amigo. Cuando llegan los otros, ven el cadáver de Lennie y a George sentado en la orilla, silencioso y «endurecido» (Steinbeck 2015, cap. 7). Slim se acerca a él y le proponer ir a tomar algo. Curley y Carlson, por su parte, no entienden el dolor.

ESTUDIO DE LOS PERSONAJES

En esta novela la arquitectura es sencilla y eficaz. Es fácil establecer una jerarquía de personajes en función del nivel de poder que rige sus actitudes y actos. Del más poderoso al menor, distinguimos a:

EL JEFE

El jefe es un hombrecito bajo y fornido que presta poca atención a sus empleados siempre y cuando trabajen. Encarna la autoridad, pero sólo interviene una vez en la historia.

CURLEY

Curley, se distingue de los temporeros por su ropa, al igual que su padre, del que obtiene todo su poder: lleva botas altas con tacón y un guante lleno de vaselina en la mano derecha porque «quiere tener esa mano suave para su mujer» (Steinbeck 2015, cap. 3).

Es provocador y celoso, así que pasa el tiempo recordándoles a los trabajadores su posición y corriendo detrás de su mujer. Este hombrecito arrogante, insensible y pretencioso que «odia a los grandullones» (*ib.*) intenta a veces afianzar su poder por la fuerza (es boxeador en la categoría de peso ligero), pero nadie se engaña y su autoridad es relativa ante los hombres de carácter.

LA MUJER DE CURLEY

La mujer de Curley es una joven vulgar y banal (la novela no le da ningún nombre) que se ha casado con su marido por su dinero y a falta de un mejor partido. Es provocadora (viste de rojo y hace descansos voluntariamente coquetos), se dedica siempre a un juego constante de seducción con los temporeros para pasar el tiempo. Es desagradable y usa su superioridad libremente para humillar a los más débiles (a Crooks y Candy en particular).

LOS TRABAJADORES TEMPOREROS

Los trabajadores temporeros son hombres sencillos que vestían todos «pantalones tejanos y una chaqueta corta de estameña» (Steinbeck 2015, cap. 3). Suelen ser solitarios, trabajan como bestias por algunos dólares por semana y malgastan todo el fin de semana en alcohol y en chicas para «divertirse» (Steinbeck 2015, cap. 4). Todos sueñan con una vida mejor, pero la dureza de sus condiciones de vida los ata a sus destinos.

Su poder, muy relativo y temporal, viene de su alianza: Candy y Crooks por ejemplo consiguen ser dignos haciendo frente en un momento a la mujer de Curley. Pero el miedo de perder su trabajo y su individualismo los obliga a guardar una distancia entre ellos y a desconfiar los unos de los otros a pesar de un afecto natural.

Los temporeros, que ocupan un lugar central en la novela, pueden dividirse en dos grupos:

Los más fuertes

Entre los más fuertes encontramos a:

- Carlson, un hombre robusto y gordo. Nadie se atreve o no quiere contradecirle cuando decide sacrificar al perro de Candy;
- Slim, un valiente carretero, al que todos respetan. Concretamente es el que dirige el rancho;
- Whit, el más joven, ya encorvado por el trabajo;
- George Milton, un hombre «pequeño y rápido, moreno de cara, de ojos inquietos y facciones agudas, fuertes» (Steinbeck 2015, cap. 2). Forma con Lennie el dúo principal de la historia. George es un hombre inteligente, franco, espontáneo y generoso que ha decidido ocuparse del encargado cuando la mujer que le crió, murió. Los dos hombres, opuestos en muchos puntos, sacan fuerzas de su unión: la vivacidad de espíritu de uno asociada a la fuerza prodigiosa del otro les permite sobrevivir. Su nombre hace referencia a uno de los modelos literarios de Steinbeck, John Milton (poeta inglés, 1608-1674; autor muy conocido por un gran poema bíblico, *Paraíso perdido*, cuya temática recuerda al sueño de George y Lennie).

Los más débiles

Entre los más débiles, encontramos:

- Lennie Small es el opuesto de George de un punto de vista físico. Es «un hombre enorme, de cara sin forma, grandes ojos pálidos y amplios hombros curvados» (Steinbeck 2015, cap. 2). Este gigante, retrasado, tiene buen corazón y se le suele comparar a un animal o a un niño. Es inocente, torpe, sensible y tonto, incapaz de vivir de manera autónoma y siempre acude a George para que guíe su vida. Es sin duda el más fuerte de todo el rancho de un punto de vista físico, pero su tontería lo suele colocar en una posición débil (George domina claramente su parejo y lo hace responsable de todas sus desgracias; Curley descarga sus enfados en él). Su nombre, antitético en cuanto a su fuerza (*small* significa «pequeño» en inglés), hace referencia a esta debilidad;

- Candy es un anciano de barba blanca consumido por la vida (además ha perdido su mano derecha en el trabajo). Su discapacidad lo relega a tareas domésticas y su edad hace que no siga a los otros en sus salidas a la ciudad. Tiene miedo de morir solo porque sabe que cuando sea un problema, no querrán acabar con él como Carlson hizo con su perro;
- Crooks, el mozo de cuadra negro y lisiado, se sitúa en el nivel más bajo de la jerarquía del rancho. Sólo es un negro, un ser inferior y se le excluye: es el único que duerme en el establo a donde nunca suele ir ningún trabajador (Lennie es el primero). Nadie le habla y no puede jugar a las cartas con los trabajadores porque dicen que huele mal. Sin embargo, es el más hábil en lanzar la herradura y el único que lee libros.

CLAVES DE LECTURA

HUMANIDAD Y ANIMALIDAD

Una comparación que estructura la novela

El título de esta novela de Steinbeck se inspira en un verso de un poeta prerromántico británico, Robert Bruns (1757-1796): The best laid schemes o'mice an'men gang aft a-gley, que significa «Los mejores proyectos del ratón y del hombres a menudo se ven truncados». Este título insinúa que los animales y los hombres son cercanos en la escala de la naturaleza (este sentimiento se refuerza en inglés por la aliteración que une simbólicamente las dos especies «mice an' men») y que el hombre, a pesar de sus pretensiones, sólo es una bestia entre las demás.

Este filiación se encuentra a lo largo de la novela:

- Lennie por su apariencia, su sencillez y su lado instintivo, se compara con un oso, un caballo y un perro;
- a los hombres se les suele comparar con perros, ratas (la mujer de Curley es un verdadero «cebo para la cárcel » según George, Steinbeck 2015, cap. 3) y con conejos (para Lennie, los renteros son conejos; la mujer de Curley compara a sus amantes con conejos);
- las mujeres se asemejan a gallinas o a pollos, lo que por otro lado es común en el lenguaje corriente.

Dos historias secundarias ilustran este paralelismo:

- los cachorros de Slim. Slim se ve obligado a matar a la

mitad de los cachorros, lo más débiles para que los otros puedan sobrevivir; el cadáver de la mujer de Curley descansa en la cuadra al lado del cachorro que Lennie mató por accidente;

- el perro senil del viejo Candy. Candy camina con dificultad como su viejo compañero, pero no podrán ejecutarlo como a su perro cuando los otros lo consideren un estorbo e inútil; Crooks, por su olor, vive aparte (en la cuadra). Sin embargo, lo que incita a Carlson a pegarle es el hedor del perro. De esta manera, el mozo de cuadra negro queda comparado con un perro.

Un fuerte vínculo con el contexto de la Gran Depresión

El Crac del 29 marca el principio de una crisis social y económica sin precedente en Estados Unidos. Si se toma como contexto los años treinta que siguieron al suceso, es decir, el período de la Gran Depresión y si se multiplican las comparaciones con los animales, la novela sugiere que la mayoría de los hombres y mujeres de este período se limitaron a vivir y trabajar como bestias, a luchar unos contra otros como perros para poder sobrevivir.

Pero sería simplista limitar el impacto del mensaje de Steinbeck sólo a la California de los años treinta. De hecho, parece que a través de la historia de George y Lennie, a través del mundo cerrado e inflexible del rancho donde los hombres sólo van para ganar dinero y morir un poco más lejos, Steinbeck esboza un retrato pesimista de la condición humana, pero no carente de esperanza.

Además, la pareja formada por George y Lennie puede percibirse como la representación de dos aspectos de la naturaleza humana, independientemente del contexto: el primero encarna la razón, la mente, la inteligencia, y el segundo («su opuesto», Steinbeck 2015, cap. 2) encarna el instinto, la sensibilidad, la parte animal del hombre.

Un final anunciado

Muchos elementos anuncian el final trágico de la novela. Este determinismo narrativo corresponde a una visión del mundo pesimista, pero impregnada de un poco de esperanza:

<u>Un poco de esperanza…</u>

Hasta el final de la quinta parte, el lector se piensa que la realización del proyecto de George y Lennie todavía es posible. Si bien es cierto que éste traiciona muchas veces su promesa de silencio, cuanto más habla, más se suman los otros personajes a su sueño y cuanto más crece su futuro comunitario, más parece que se concreta este sueño. El lector también espera con ellos: a lo mejorarán capaces de escapar del destino inmutable de los hombres de la región.

<u>Pero hay un final amargo programado por muchos indicios</u>

- El título, si se conoce el verso de Burns al que hace referencia, es en sí pesimista («Los mejores proyectos del ratón y de los hombres a menudo se ven truncados»).
- El sistema de personajes tal y como se concibe y el universo de referencia de la novela (un mundo lleno de

violencia, pobreza e individualismo) crean una cadena de opresión en la que un eslabón se sale en un momento dado. La amistad entre Lennie y George es una excepción y es significativo que se rompa desde el interior: George elimina a Lennie cuando podría haber huido con él.

- El nombre de uno de los protagonistas (George Milton) anuncia con un guiño literario que la pequeña grana que los héroes piensan comprar es ya un paraíso perdido.

- A Lennie, que mata sin querer, lo alertan varias veces los otros (principalmente George). Las prohibiciones a las que se somete parecen sencillas de respetar: tiene que callarse, evitar las chicas y prestar atención a los seres más vulnerables (entre otros, los cachorros). Pero este coloso de manos devastadoras, guiado por su corazón y su instinto, es incapaz de respetarlas desde el principio de la novela. Desde la primera parte, se sabe que Lennie no ha podido integrarse en una pequeña sociedad de hombres que parecen normales (el rancho de Weed) sin causar problemas. Al cabo de un tiempo, multiplica las desobediencias y las consecuencias son cada vez más graves: mata a un ratón, luego a un cachorro y al final a un ser humano antes de morir él también.

- A nivel textual, algunos pasajes son vaticinadores:
  - la oscuridad que llena poco a poco la cuadra en la quinta parte anuncia indirectamente al lector un suceso trágico: la muerte de la joven y, así, el final del sueño de Lennie;
  - la descripción de los alrededores del río anuncia el desenlace si se compara con la primera parte. Al principio, la naturaleza que rodea a George y Lennie parece tranquila y armoniosa y el texto lo muestra

por una isotopía de la vida: «sauces frescos y verdes cada primavera» (Steinbeck 2015, cap. 1) ; «un sendero de tierra endurecida por el paso de los niños que vienen a nadar en la profunda laguna» (*ib.*), etc. Al final del libro, el mismo decorado ha cambiado: a la armonía entre las especies sucede la lucha natural (la garza del principio come una serpiente antes de que la cace Lennie), a la vida dormida le sucede la muerte apacible: «las cumbres estaban rosadas de sol»; «las hojas parducas, secas»; «pequeñas ondas surcaron, en filas sucesivas, la verde superficie del agua» (Steinbeck 2015, cap. 7).

La novela multiplica así los indicios más o menos directos y más o menos discretos que revelan un fracaso inevitable. Es la metáfora de una sociedad en la que cada uno construye sueños que en general, no se llegan a realizar.

PISTAS PARA LA REFLEXIÓN

ALGUNAS PREGUNTAS PARA PROFUNDIZAR EN SU REFLEXIÓN...

- Establezca una comparación entre a George y a Lennie y descríbalos.
- Explique el título de la obra.
- ¿Cuál es la visión de las mujeres que transmite la novela? ¿Es la misma en las otras obras de Steinbeck?
- Busque y explique la comparación establecida a lo largo de la novela entre los hombres y los animales.
- ¿En qué aspecto hace eco la novela al contexto histórico en el que se compone (los años treinta?
- ¿El retrato que Steinbeck traza de la condición humana le parece optimista o pesimista? Justifique su respuesta.
- Hay muchos elementos que anuncian el final trágico de la novela. ¿Cuáles?
- Según usted, ¿por qué George mata a Lennie al final de la obra?
- ¿Qué revela el nombre de George Milton?

¡Su opinión nos interesa!
¡Deje un comentario en la página web de su librería en línea,
y comparta sus favoritos en las redes sociales!

PARA IR MÁS ALLÁ

EDICIÓN DE REFERENCIA

- Steinbeck, John. 2015. *De ratones y hombres*. Traducido por Román A. Jiménez. Barcelona: Edhasa.

ADAPTACIONES

Como muchas de las obras de Steinbeck, *De ratones y hombres* ha tenido numerosas adaptaciones. Hemos seleccionado algunas:

- *De ratones y hombres*. Dirigida por Lewis Milestone, con Burgess Meredith y Lon Chaney Jr. Estados Unidos, 1939.
- *De ratones y hombres*. Telefilme dirigido por Paul Blouin, con Hubert Loiselle y Jacques Godin. Canadá, 1971.
- *De ratones y hombres*. Obra de teatro dirigida por Robert Hossein. Teatro de París, 1975.
- *De ratones y hombres*. Dirigida por Gary Sinise, con Gary Sinise y John Malkovich. Estados Unidos, 1992.
- *Bertola, Pierre-Alain. 2009. Cómic De ratones y hombres*. Escrito e ilustrado por Pierre-Alain Bertola.

EN RESUMENEXPRESS.COM

- Guía de lectura de *La perla* de John Steinbeck.
- Guía de lectura de *Las uvas de la ira* de John Steinbeck.

ResumenExpress.com